50 Expériences Scientifiques

À faire à la maison !

BIENVENUE DANS L'UNIVERS FABULEUX DE LA SCIENCE !

Dans ce livre, tu vas découvrir des expériences extraordinaires.

La science permet d'expliquer ce qu'il se passe dans notre environnement, sur Terre et même ailleurs.

À travers 50 expériences ludiques et éducatives, tu vas apprendre à créer et à comprendre des phénomènes scientifiques depuis chez toi !

Est-ce que tu es prêt à découvrir ce monde fascinant ?

Est-ce que tu es prêt à créer, transformer et t'amuser ?

Alors c'est parti, regarde dès maintenant comment fonctionne ce livre et lance toi dans cette merveilleuse aventure !

Dans ce livre, tu trouveras 50 expériences scientifiques à faire à la maison. Voici comment elles se présentent :

Le nom de l'expérience

Le temps nécessaire pour la réaliser

Le matériel nécessaire pour la réaliser

La "recette" de l'expérience

Une explication du phénomène scientifique !

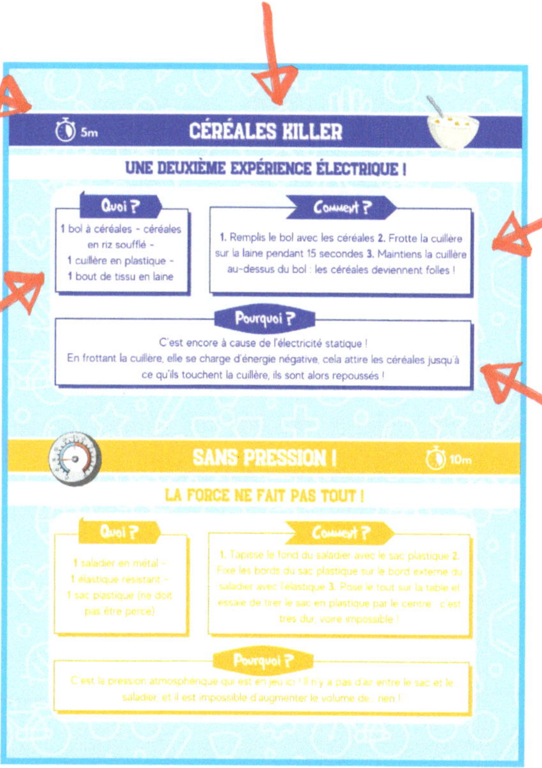

Certaines expériences sont simples mais d'autres nécessitent l'assistance d'un adulte (la présence d'un adulte est toutefois recommandée pour toutes les expériences). Il y a aussi des expériences à réaliser en extérieur. Tu verras donc parfois l'un de ces deux logos :

A faire en extérieur

Assistance d'un adulte requise

COUP DE CHALEUR

LA PRESSION EXERCE SON POUVOIR SUR L'EAU !

Quoi ?

1 plat de cuisson peu profond - 1 bougie tige - allumettes - eau - 1 grand verre

Comment ?

1. Allume la bougie et fais couler un peu de cire au fond du plat 2. Fixe la bougie toujours allumée sur le plat grâce à la cire 3. Remplis le plat d'eau jusqu'à la moitié 4. Couvre la bougie avec le verre : la bougie s'éteint et l'eau monte dans le verre !

Pourquoi ?

L'air chaud exerce une pression plus forte que l'air froid. Une fois la bougie éteinte, l'eau se précipite à l'intérieur du verre car la pression diminue !

LE CERCLE MAGIQUE

 10m

OBSERVE LA PUISSANCE DU SAVON !

Quoi ?

1 plat de cuisson - 1 bout de ficelle de 20cm - eau - coton-tige - liquide vaisselle

Comment ?

1. Remplis le plat à moitié avec de l'eau 2. Noue la ficelle pour en faire un cercle 3. Fais flotter la ficelle sur l'eau : elle perd sa forme circulaire 4. Plonge un coton-tige dans du liquide vaisselle et trempe son extrémité savonneuse à l'intérieur de la ficelle : la ficelle deviendra rapidement un cercle parfait

Pourquoi ?

Le savon brise les molécules d'eau et celles-ci font pression de manière égale sur toute la circonférence de la ficelle !

LAMPE À LAVE

UNE EXPÉRIENCE SATISFAISANTE ET RELAXANTE

Quoi ?

1 grand vase transparent (ou un grand verre d'eau) - colorant alimentaire -
1 bouteille d'huile de massage transparente - **1** comprimé effervescent (aspirine) - eau

Comment ?

1. Verse l'huile dans le vase

2. Ajoute de l'eau (le quart de la dose d'huile) et ajoute des gouttes de colorant

3. Casse un comprimé en 4 et mets les morceaux dans le vase : tu as ta lampe à lave !

Pourquoi ?

Simple réaction : l'aspirine produit un gaz et remue la couleur en même temps que l'huile et l'eau ! L'eau colorée forme alors des bulles de couleur dans l'huile !

T'AS MIS UN TAMIS ?

COMMENT L'EAU NE COULE PAS ?

Quoi ?

1 carré de gaze métallique 20cmx20cm - 1 bouteille de 1L (goulot d'environ 6cm de diamètre) - 1 élastique solide

Comment ?

1. Remplis la bouteille à ras bord avec de l'eau 2. Place la gaze sur l'embouchure de la bouteille et fixe-la avec l'élastique 3. Mets la main sur l'embouchure puis retourne la bouteille en gardant la main à sa place 4. Retire rapidement ta main de la bouteille toujours à l'envers : aucune goutte d'eau ne devrait couler de la bouteille !

Pourquoi ?

C'est la tension de surface qui retient l'eau ! Cette force aide l'eau à former une sorte de peau quand elle est au contact de l'air.

CONFETTIS EN FÊTE

 5m

UNE EXPÉRIENCE ÉLECTRIQUE !

Quoi ?

1 boîte transparente en plastique avec couvercle (taille d'une boite à chaussure) - confettis - 1 morceau de tissu en laine

Comment ?

1. Verse les confettis dans la boite sans recouvrir tout le fond 2. Ferme le couvercle 3. Frotte le tissu sur le couvercle : les confettis dansent !

Pourquoi ?

C'est à cause de l'électricité statique ! Les confettis sont attirés vers le haut puis vers le bas, sans cesse !

RETOURNER À LA POUSSIÈRE

OBSERVE LA POLLUTION !

QUOI ?

1 manche à balai de 1,5m de long (avec un bout plat) - **1** boîte à café vide avec son couvercle en plastique - **1** clou - **1** marteau - vaseline - **1** morceau de carton blanc - **2 ou 3** briques ou grosses pierres - **1** ouvre-boîtes

COMMENT ?

1. Enfonce le manche à balai dans le sol en laissant dépasser l'extrémité plate

2. Ouvre le fond de la boîte à café avec l'ouvre-boîtes (attention de ne pas te couper !)

3. Cloue le couvercle à l'extrémité du manche à balai (côté extérieur du couvercle contre le manche)

4. Découpe un bout de carton et pose-le sur le couvercle : enduis le carton de vaseline

5. Pose la boîte de café sur le couvercle (à l'envers de sorte à l'emboîter dans le couvercle)

6. Cale des pierres autour du manche pour que le montage tienne debout et attends 3 semaines pour regarder le bout de carton !

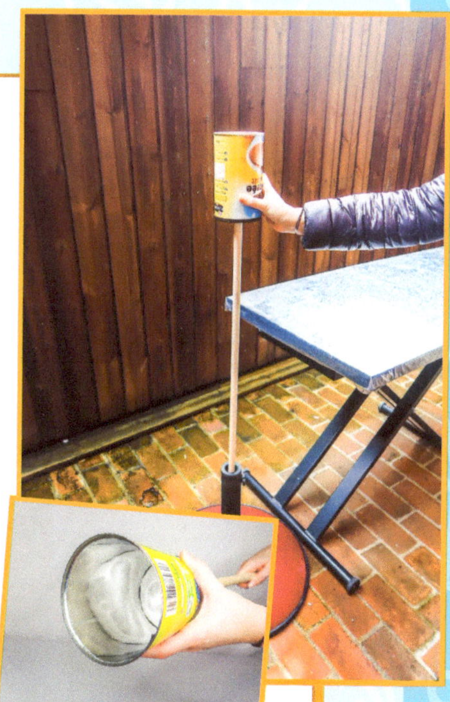

POURQUOI ?

L'air libère des particules. Tu peux observer les particules de pollution qui se sont déposées sur le carton enduit de vaseline ! Si tu habites à la campagne, il est possible que tu en trouves moins qu'en ville !

UNE DEUXIÈME EXPÉRIENCE ÉLECTRIQUE !

Quoi ?

1 bol à céréales - céréales de riz soufflé -
1 cuillère en plastique -
1 bout de tissu en laine

Comment ?

1. Remplis le bol avec les céréales **2.** Frotte la cuillère sur la laine pendant 15 secondes **3.** Maintiens la cuillère au-dessus du bol : les céréales deviennent folles !

Pourquoi ?

C'est encore à cause de l'électricité statique !
En frottant la cuillère, elle se charge d'énergie négative, cela attire les céréales jusqu'à ce qu'ils touchent la cuillère, ils sont alors repoussés !

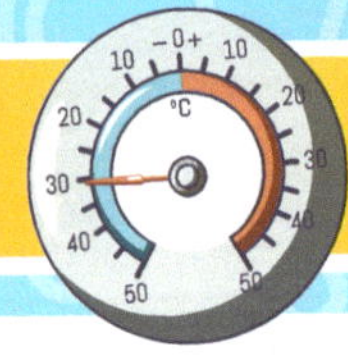

SANS PRESSION !    10m

LA FORCE NE FAIT PAS TOUT !

Quoi ?

1 saladier en métal -
1 grand élastique résistant -
1 sac plastique (ne doit pas être percé)

Comment ?

1. Tapisse le fond du saladier avec le sac plastique **2.** Fixe les bords du sac plastique sur le bord externe du saladier avec l'élastique **3.** Pose le tout sur la table et essaie de tirer le sac en plastique par le centre : c'est très dur, voire impossible !

Pourquoi ?

C'est la pression atmosphérique qui est en jeu ici ! Il n'y a pas d'air entre le sac et le saladier, et il est impossible d'augmenter le volume de… rien !

DÉVIER LA LUMIÈRE

TU VAS CRÉER UNE PETITE CASCADE DE LUMIÈRE !

QUOI ?

1 bouteille d'eau de 1L - **1** lampe de poche - **1** feuille de papier aluminium - ruban adhésif - **1** bassine

COMMENT ?

1. Enveloppe la bouteille de papier aluminium en laissant le sommet et la base découvert : fixe bien le papier avec du ruban adhésif

2. Place la lampe de poche allumée sous la bouteille pour l'éclairer par le fond

3. Eteins les lumières dans la pièce, et incline la bouteille vers la bassine en maintenant la lampe torche sur le cul de la bouteille.

4. Ouvre la bouteille : un jet de lumière sort et l'eau se reflète dans le fond de la bassine !

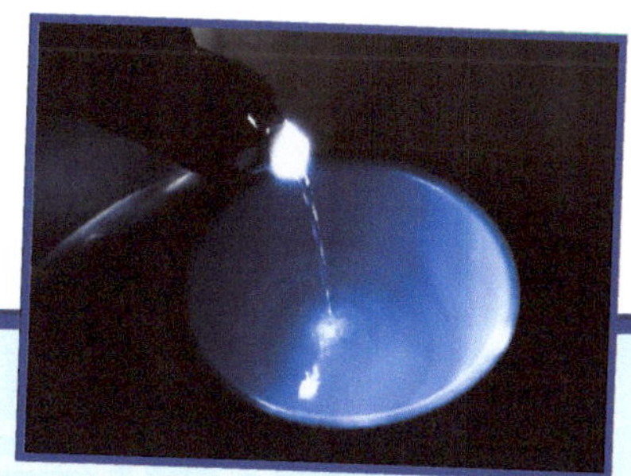

POURQUOI ?

L'aluminium reflète les particules de lumières de la lampe, et celles-ci se courbent en sortant de la bouteille !

SURFUSION DE L'EAU

COMMENT FAIRE GELER DE L'EAU EN 2 SECONDES !

Quoi ?

1 petite bouteille d'eau – **1** congélateur

Comment ?

1. Mets la bouteille pleine debout dans le congélateur **2.** Attends 3 heures : la température va diminuer jusqu'en dessous de 0°C sans que l'eau ne gèle. **3.** Sors la bouteille délicatement sans la secouer **4.** Cogne-la contre une surface dure : l'eau va geler instantanément !

Pourquoi ?

L'eau ne gèle pas forcément sous 0°C ! Aux pôles terrestres, la température des eaux des océans est inférieure à 0°C : une eau sans impureté refroidie lentement peut atteindre jusqu'à −39° en restant liquide !

IL PLEUT BERGÈRE

⏱ 30m

PETIT POINT MÉTÉOROLOGIQUE

Quoi ?

1 bocal en verre transparent – **1** assiette – Eau – Glaçons

Comment ?

1. Fais bouillir l'eau et remplis le bocal à ⅓ avec l'eau bouillante **2.** Mets une assiette sur le bocal, attends 1 minute et mets les glaçons sur l'assiette : des gouttes d'eau vont se former dans le bocal !

Pourquoi ?

C'est le passage du très chaud au froid qui provoque une réaction chimique : l'eau se condense et se dépose sur les parois du bocal !

CRÉE TON PROPRE AIMANT AVEC UNE PILE !

Quoi ?

1 long clou/vis - fil de cuivre - **1** pile de 1,5V - Ruban adhésif - des trombones

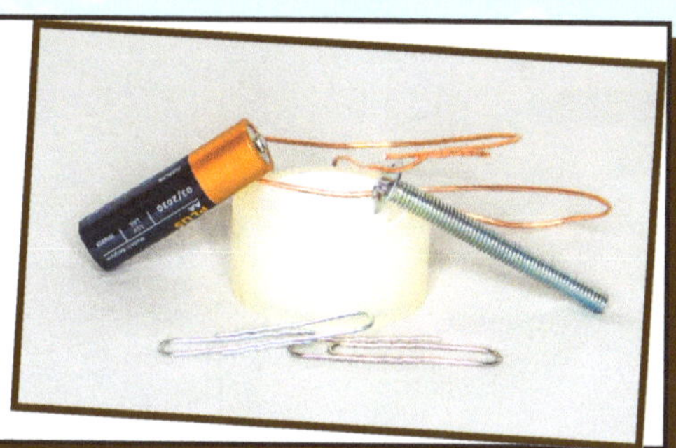

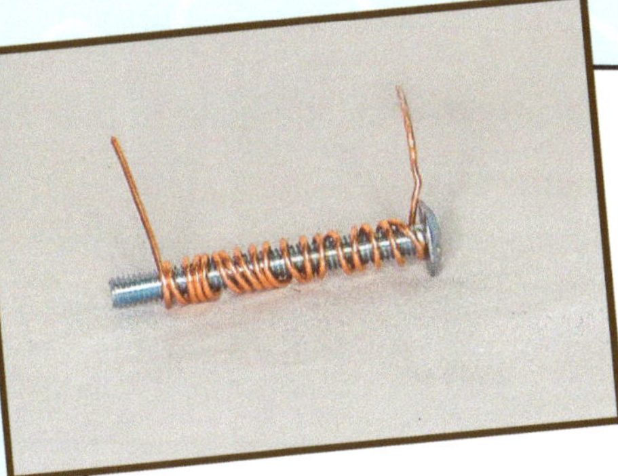

Comment ?

1. Dénude le fil de cuivre et enroule-le autour du clou (tout le long). Laisse dépasser 2cm de chaque coté

2. Fixe les extrémités pour éviter que ça ne se déroule

3. Fixe les extrémités du fil sur les bornes + et - de la pile (peu importe le sens)

4. Tu as ton aimant !!! Attention, la pile peut chauffer (sans risque de brûlure)

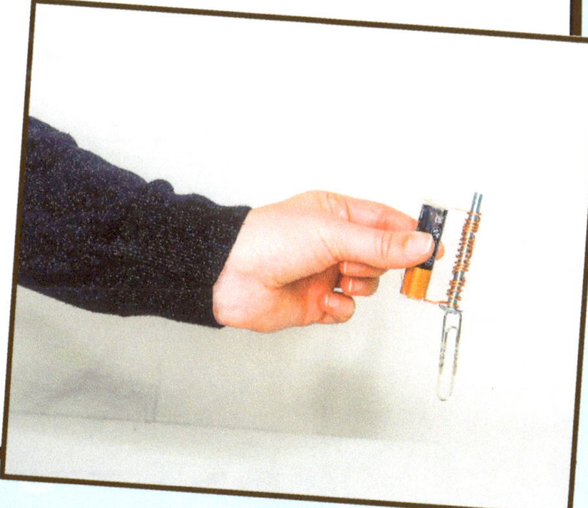

Pourquoi ?

Le courant passe par le fil de cuivre qui est conducteur d'électricité : des électrons passent alors dans le fil de cuivre. Lorsque ces électrons traversent le fil, ils créent un champ magnétique autour du clou.

LE ROI DE LA GLISSE

LA PUISSANCE DE L'EAU

Quoi ?

1 plateau plastifié - 1 grand verre en verre - 1 bougie - allumettes - eau - 1 livre

Comment ?

1. Glisse le livre sous l'un des bords du plateau 2. Humidifie les bords du verre et pose-le à l'envers sur la partie surélevée du plateau : le verre ne bouge pas... 3. Prends la bougie allumée et approche-la à proximité d'un des côtés du verre sans qu'elle le touche : le verre glisse doucement sur la pente du plateau !

Pourquoi ?

La bougie réchauffe l'air à l'intérieur du verre et augment le volume de l'air. L'air dilaté pousse le verre vers le haut et il flotte sur le plateau !

ÇA SE DÉGONFLE !

 20m

UNE EXPÉRIENCE QUI NE MANQUE PAS D'AIR !

Quoi ?

2 ballons de baudruche - 2 bouteilles vide de 1,5L en plastique - 1 paire de ciseaux - 1 volontaire

Comment ?

1. Fais un trou de 1 cm au fond d'une des 2 bouteilles
2. Mets les ballons autour du goulot des 2 bouteilles
3. Rentre les ballons à l'intérieur des bouteilles 4. Demande à un volontaire de gonfler le ballon en soufflant dans l'embouchure (donne lui la bouteille non trouée !).

Pourquoi ?

Le ballon a besoin d'espace pour se gonfler. Dans la bouteille sans trou, il est impossible de gonfler car l'air dans la bouteille ne peut pas sortir pour laisser de l'espace au ballon !

L'ACIDITÉ A PLUS D'UN TOUR DANS SON SAC !

Quoi ?

jus de raisin - bicarbonate de sodium - papier cartonné - **1** verre - des coton-tiges - eau - **1** pinceau

Comment ?

1. Dans le verre, mettre une grosse cuillère de bicarbonate et le remplir à moitié d'eau tiède, puis mélanger jusqu'à dilution du bicarbonate

2. Trempe un coton-tige dans le mélange et sers-en toi comme d'un crayon pour écrire sur le papier

3. Pour révéler l'écriture, trempe le pinceau dans le jus de raisin et badigeonne le papier avec le jus : le message secret est révélé !

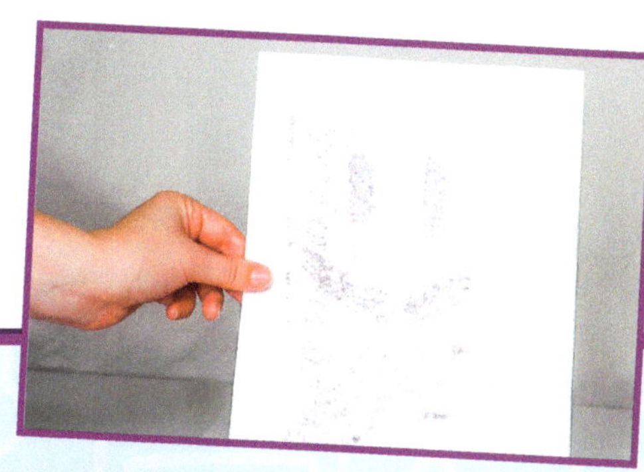

Pourquoi ?

Il se passe une réaction chimique entre le bicarbonate et le jus : Le jus de raisin est acide et le bicarbonate est basique !

L'ALIEN VIOLET

COMPRENDRE LE FONCTIONNEMENT DE NOS YEUX

Quoi ?

1 feuille de papier blanche – **1** feutre violet – **1** mur blanc

Comment ?

1. Sur ta feuille, dessine la tête d'un alien avec des grands yeux blancs avec le feutre **2.** Une fois dessiné, fixe ton dessin pendant 30 secondes sans bouger ni cligner des yeux **3.** Regarde alors le mur blanc : que vois-tu ?

Pourquoi ?

C'est le principe de la rémanence rétinienne : une image perçue par l'œil reste un certain temps imprimée sur la rétine !

NUAGE DANS UNE BOUTEILLE

⏱ 1m

PETIT POINT MÉTÉOROLOGIQUE #2

Quoi ?

1 petite bouteille d'eau légèrement humide à l'intérieur

Comment ?

1. Torsade la bouteille jusqu'à ne plus pouvoir (dévisse légèrement le bouchon pour que ça soit plus facile) **2.** Ouvre le bouchon **3.** Un petit nuage sort de la bouteille !

Pourquoi ?

Les molécules d'eau dans la bouteille sont compressées et sortent sous forme de gaz ("fumée") !

PAS BESOIN DE SOUFFLER POUR GONFLER !

Quoi ?

vinaigre - bicarbonate de soude - **1** ballon de baudruche - **1** bouteille en verre

Comment ?

1. Mets quelques cuillères de bicarbonate dans le ballon de baudruche

2. Remplis à moitié la bouteille avec du vinaigre

3. Enfile le ballon sur l'embouchure de la bouteille sans renverser le bicarbonate dans la bouteille

4. Redresse le ballon pour que le bicarbonate se verse dans la bouteille et serre le bien : le ballon va se gonfler tout seul !
Tu peux aussi essayer avec un gant en latex !

Pourquoi ?

Au contact du bicarbonate de soude, le vinaigre provoque une réaction chimique et exerce une pression sur le sac qui gonfle !

EXPÉRIENCE POIVRÉE

OBSERVE CETTE RÉACTION ÉTONNANTE !

Quoi ?

1 bol - poivre - eau - liquide vaisselle

Comment ?

1. Remplis le bol d'eau **2.** Saupoudre du poivre au centre **3.** Trempe un doigt dans du liquide vaisselle **4.** Plonge ton doigt dans le bol : le poivre fuit vers le bord du bol !

Pourquoi ?

Les molécules de liquide vaisselle font fuir l'eau et l'eau attire le poivre en même temps !

SUPER-RAISIN

⏱ 5m

LE RAISIN ÉLECTRIQUE !

Quoi ?

four micro-onde - grain de raisin - couteau pointu - plat à micro-onde

Comment ?

1. Coupe un grain de raisin en deux et retire les pépins (pas jusqu'au bout pour le faire "tenir debout") **2.** Place le grain "debout" au milieu du plat et mets-le dans le four pendant 10 secondes à puissance maximum **3.** Observe ce qu'il se passe : il y a d'abord un flash, puis un arc de lumière !

Pourquoi ?

Le raisin est très conducteur, ce qui fait que le micro-onde chauffe la pulpe et développe un courant électrique qui libère de l'énergie quand il circule.

MÉLANGE ET JOUE AVEC LES COULEURS !

Quoi ?

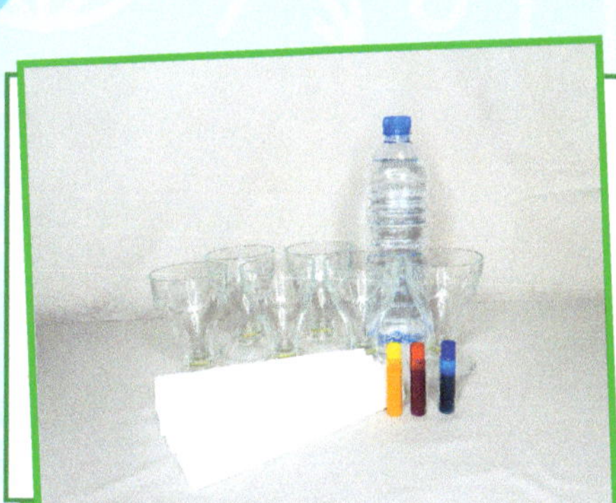

6 verres transparents et identiques - colorants bleu, rouge et jaune - **6** feuilles d'essuie-tout - eau

Comment ?

1. Remplis d'⅓ 3 verres avec de l'eau et mettre du colorant rouge dans 2 verres, du bleu dans 1 verre, du jaune dans 1 verre

2. Dispose les verres en rond dans cet ordre : Rouge, vide, bleu, vide, jaune, vide

3. Plie les feuilles d'essuie-tout en longueur. Prends une des feuilles et plonge une extrémité dans le verre rouge, et l'autre extrémité dans le verre d'à côté.

4. Répète la manoeuvre entre tous les verres et observe ce qu'il se passe quelques dizaines de minutes plus tard !

Pourquoi ?

L'eau chargée en colorant remonte dans l'essuie-tout et remplit les verres vides ! Les couleurs se mélangent !

Par exemple le bleu rejoint le jaune, et forme du vert !

CA VA PÉTER !!!

QUOI ?

Papier aluminium - **1** verre - Pâte à sel (faite maison : farine, eau, sel) - Peinture - Bicarbonate de soude - Colorant rouge - Vinaigre

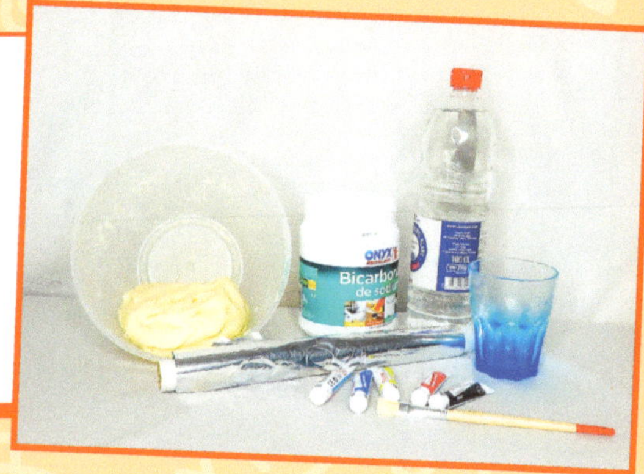

COMMENT ?

1. Fais ta propre pâte à sel : Mélange 1 verre de sel fin avec 2 verres de farine. Ajoute un verre d'eau tiède et mélange à la main jusqu'à l'obtention d'une pâte.

2. Forme un volcan sur le verre avec l'aluminium

3. Recouvre l'aluminium de pâte à sel pour former ton propre volcan. Tu peux aussi faire des petites "pierres" à rajouter sur le volcan après la cuisson. Laisse reposer entre 12h et 24h et mets au four pour cuire la pâte (environ 2h à 100°).

3. Une fois que c'est cuit, retire le volcan en pâte du verre et de l'aluminium. N'hésite pas à le décorer comme tu aimes : tu peux le peindre, dessiner de la lave ou mettre des cailloux !

4. Quand ton volcan est prêt mets 2 cuillères de bicarbonate et du colorant rouge dans le cratère et ajoute le vinaigre : Il rentre alors en éruption !

N'hésite pas à nous envoyer une photo de ton éruption volcanique par mail à cette adresse : **frenchfrog.publishing@gmail.com**

IMPLOSION

 ## PASSER DU CHAUD AU FROID N'EST PAS TRÈS BON !

Quoi ?

Des canettes vides - 1 saladier rempli d'eau et de glaçons - **1** pince à barbecue - **1** poêle

Comment ?

1. Mets les canettes sur la poêle et fais-les chauffer
2. Quand elles sont chaudes, prends-en une avec la pince **3.** Plonge la canette dans l'eau glacée : la canette implose ! Recommence avec les autres !

Pourquoi ?

Le choc thermique produit une réaction sur le métal ! Passer du chaud au froid d'un coup n'est jamais bon, même pour un humain !

OEUF REBONDISSANT  24h

SAVAIS-TU QUE TU PEUX FAIRE REBONDIR UN OEUF ?

Quoi ?

1 oeuf - vinaigre - **1** verre large

Comment ?

1. Remplis le verre de vinaigre, mets l'oeuf dedans et attends 24h **2.** Sors l'oeuf du vinaigre : tu peux faire rebondir l'oeuf ! Tu peux aussi poser l'oeuf sur un flash de téléphone dans une pièce noire pour avoir des jolis effets de lumière **3.** Tu peux ensuite le mettre sur un coquetier et piquer le sommet de l'oeuf avec le cure-dent : l'oeuf devient un petit volcan !

Pourquoi ?

Au contact prolongé du vinaigre, la coquille d'oeuf perd sa propriété solide. Elle se dissout alors et seule une fine couche molle reste autour de l'oeuf !

IL FAUDRA UN GROS TUBE !

Quoi ?

25cl peroxyde d'hydrogène (eau oxygénée) – liquide vaisselle – colorant alimentaire – **1** cuillère à soupe de levure sèche – **3** cuillères à soupe d'eau tiède – **1** bouteille de 1,5L vide – **1** entonnoir

Comment ?

1. Mets l'eau oxygénée, un jet de liquide vaisselle et beaucoup de colorant dans la bouteille

2. Dans un verre, mélange un sachet de levure avec de l'eau tiède et laisse reposer (mettre le bon volume d'eau, c'est souvent indiqué sur le sachet de levure)

3. Ajoute le mélange de levure dans la bouteille à l'aide de l'entonnoir, et retirer vite l'entonnoir : attention ça va jaillir ! (on a effacé une partie de la photo pour garder la surprise du résultat..!)

Pourquoi ?

Les champignons contenus dans la levure devraient immédiatement provoquer la décomposition de l'eau oxygénée et la libération d'un surplus de molécules d'oxygène ! La réaction exothermique provoque une petite chaleur sans danger.

L'AIR PÈSE

L'INVISIBLE N'EST PAS RIEN

Quoi ?

2 ballons de baudruche - ficelle - **1** paire de ciseaux - **1** baguette en bois de 1 mètre - ruban adhésif - **1** épingle

Comment ?

1. Coupe 2 bouts de ruban adhésif de 2cm et 2 bouts de ficelle de 40cm **2.** Gonfle les 2 ballons à l'identique **3.** Noue chacune des ficelles aux bout des ballons et fixe-les de chaque côté du mètre **4.** Tends ton bras et mets le mètre en équilibre sur un de tes doigts **5.** Demande à quelqu'un de percer un des ballons.

Pourquoi ?

Un ballon gonflé pèse plus lourd qu'un ballon vide à cause de l'air qu'il emprisonne. En perçant le ballon, il libère l'air et perd son surpoids !

PYROMANE

⏱ 10m

UNE EXPÉRIENCE CARAMÉLISÉE !

Quoi ?

1 morceau de sucre - 1 brique - Allumettes - Cendre

Comment ?

1. Mets le morceau de sucre sur la brique et essaie d'y mettre le feu (ça ne marche pas !) **2.** Saupoudre les cendres sur le morceau de sucre : essaie d'y mettre le feu

Pourquoi ?

Le morceau de sucre prend feu et fait une jolie flamme bleue !
La cendre fournit assez d'énergie pour démarrer la combustion du morceau de sucre.
Ici la cendre est un catalyseur !

LA SPIRALE INFERNALE

LA PUISSANCE D'UNE FLAMME

Quoi ?

papier (léger) - **1** bougie chauffe-plat - **1** pince à linge en bois - **1** brochette en bois - **1** crayon - **1** paire de ciseaux

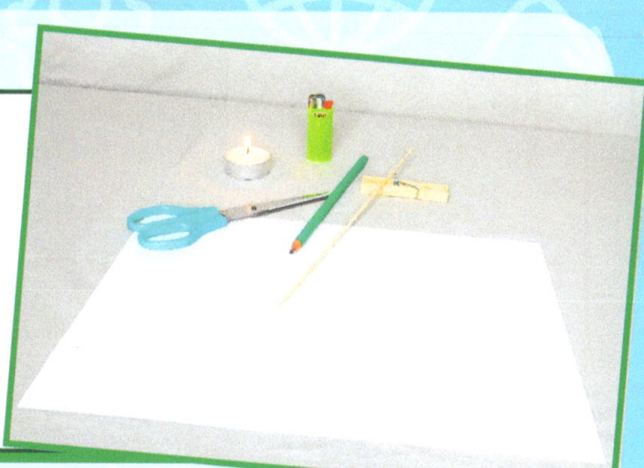

Comment ?

1. Découpe un rond de papier de 15cm de diamètre et dessine une spirale allant du bord au centre (laisse au moins 2cm entre chaque "cercle")

2. Découpe la spirale pour former une sorte de serpent

3. Place la bougie sur la table, mets la bougie au-dessus et plante la brochette au milieu (tu peux mettre un peu de pâte à modeler dessous pour que la structure tienne debout plus facilement)

4. Positionne le haut de ta spirale découpée sur la pointe de la brochette, et allume ensuite la bougie en faisant bien attention de ne pas brûler le papier : La spirale va tourner toute seule !

Pourquoi ?

La bougie produit un courant d'air chaud qui fait bouger la spirale ! C'est le même principe dans les montgolfières !

L'ASPIRATEUR

POUR FAIRE SEMBLANT DE FAIRE LE MÉNAGE !

Quoi ?

1 pistolet à colle - **1** bouchon de bouteille d'eau percé au centre - **1** vieux CD - **1** ballon de baudruche

Comment ?

1. Colle la surface creuse du bouchon au centre du CD avec le pistolet à colle **2.** Une fois le bouchon bien collé, gonfle le ballon et mets-le autour du bouchon **3.** Pose le montage sur une surface plane: ça tourne tout seul ! Tu peux t'amuser avec : faire des passes avec quelqu'un sur une table par exemple

Pourquoi ?

L'air qui sort du ballon fait pression sur le CD et le fait glisser sur la surface jusqu'à ce que le ballon soit vidé !

L'EAU QUI PENCHE

⏱ 5m

IL EST POSSIBLE D'ATTIRER L'EAU SANS LA TOUCHER !

Quoi ?

1 ballon de baudruche - **1** robinet

Comment ?

1. Gonfle le ballon de baudruche **2.** Frotte-le contre tes cheveux **3.** Fais couler un petit filet d'eau du robinet et approche le ballon de l'eau sans la toucher : l'eau penche !

Pourquoi ?

En frottant le ballon dans tes cheveux, tu charges le ballon en électricité. Comme l'eau est conducteur, elle est attirée par l'électricité !

RÉCOLTE DE CACAHUÈTES

FAIS POUSSER TES PROPRES CACAHUÈTES !

Quoi ?

cacahuètes fraîches – sac congélation en plastique – essuie-tout – eau – terre – pot de fleur (30cm x 45cm)

Comment ?

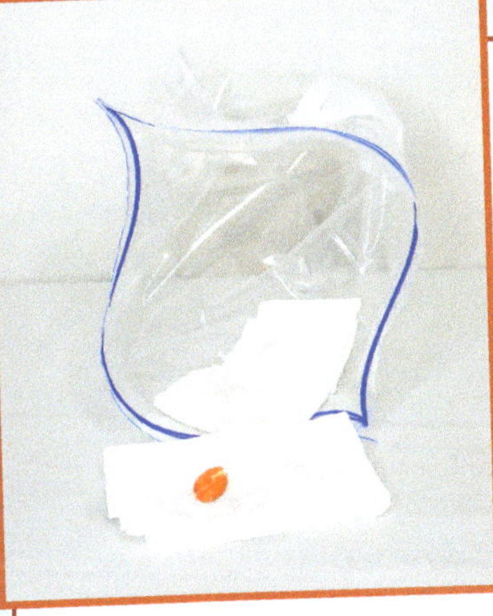

1. Ôte la coque d'une ou deux cacahuètes sans retirer la peau rouge.

2. Humidifie trois feuilles d'essuie-tout et place les cacahuètes dedans

3. Dépose le tout dans le sac en gardant une vue sur les graines : attends une semaine : ça a germé

4. Remplis le pot de fleur avec de la terre et plante les graines à 3cm de profondeur

5. Arrose régulièrement pendant plusieurs semaines : tu as fait pousser ta propre cacahuète !

Pourquoi ?

La plupart des gens pensent que les cacahuètes sont comme les noix et poussent sur des arbres ! Grâce à cette expérience tu pourras dire à tout le monde qu'il se trompe !

⏱ 5m

REPRODUIRE UNE TORNADE DANS UN PETIT POT !

Quoi ?

1 bocal avec couvercle hermétique - Eau - Liquide vaisselle

Comment ?

1. Remplis le bocal d'eau et mets plusieurs gouttes de liquide vaisselle 2. Ferme le bocal hermétiquement et agite-le bien : voilà c'est prêt !

Pourquoi ?

Le fait d'agiter le bocal crée de la mousse qui reste solidaire et ne se mélange pas à l'eau : elle prend alors un mouvement circulaire (tornade) quelques instants avant de s'aplatir !

LE SABLE COLORÉ

⏱ 30m

FAIS DES CHATEAUX DE SABLE MULTICOLORES !

Quoi ?

3 tasses de sable - 2 tasses de fécule de maïs - 1 tasse d'eau savonneuse - Colorants alimentaires - 1 saladier

Comment ?

1. Dans le saladier mélange le sable avec la fécule de maïs puis ajoute l'eau savonneuse 2. Tu peux colorer le sable avec différents colorants en mettant quelques gouttes dans des bols différents 3. Tu n'as plus qu'à t'amuser à créer des châteaux arc-en-ciel !

Pourquoi ?

La fécule de maïs est un épaississant qui, ajoutée à l'eau et au sable, provoque un changement de texture du mélange ! On s'en sert notamment en cuisine !

ATTENTION ÇA FUME !

Quoi ?

eau - liquide vaisselle - **1** morceau de glace carbonique - **1** saladier - ruban adhésif - **1** grande bouteille en plastique - **1** entonnoir (plus large que le verre) - **1** tuyau - **1** paire de ciseaux

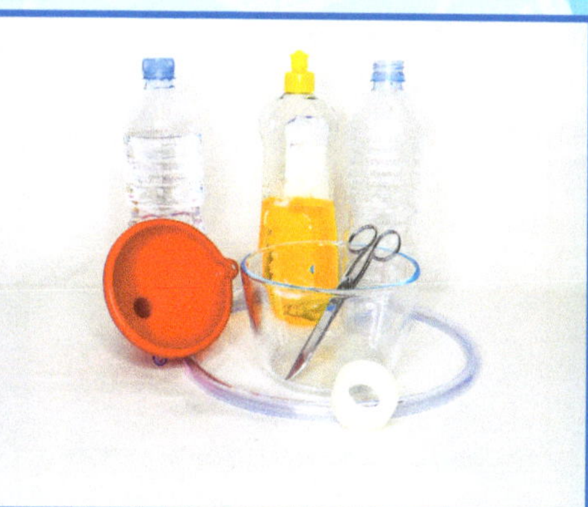

Comment ?

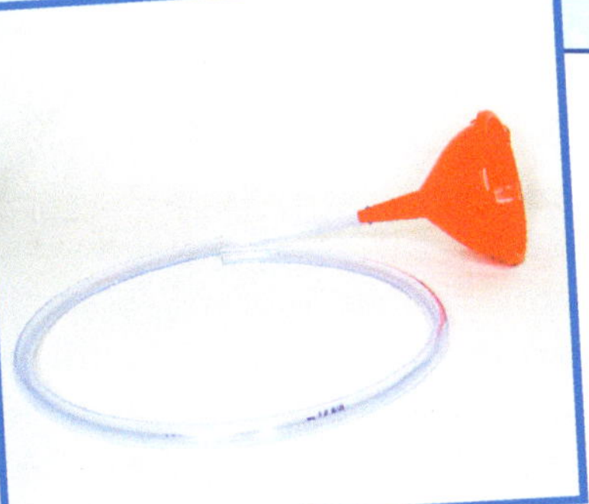

1. Verse un peu de liquide vaisselle dans le saladier et remplis-le d'eau

2. Fixe le tuyau à l'entonnoir avec du ruban adhésif

3. Coupe la bouteille en 2 et garde la partie basse

4. Mets la glace carbonique dans la demi bouteille et ajoute de l'eau chaude : ça crée de la fumée et une réaction "bouillante"

5. Place l'entonnoir à l'envers sur la demi bouteille et dirige le tuyau dans le saladier : des bulles de fumée se forment dans celui-ci !

Pourquoi ?

La glace carbonique se sublime dans l'eau : elle se transforme en gaz !

THÉ VOLANT

UNE ÉTRANGE EXPÉRIENCE DE PHYSIQUE

Quoi ?

1 sachet de thé - Allumettes

Comment ?

1. Vide le sachet de thé sans le déchirer **2.** Déplie-le (il forme un cylindre) et mets-le debout sur une surface ne craignant pas les flammes **3.** Allume le haut du sachet avec une allumette et observe ce qu'il se passe : le sachet s'envole à la fin de la combustion !

Pourquoi ?

La fumée monte vers le ciel. Quand tu brûles le sachet de thé, à un moment le sachet devient plus léger que la fumée qu'il génère et s'envole comme la fumée !

IL NEIGE !

 5m

CRÉE TA PROPRE NEIGE ARTIFICIELLE !

Quoi ?

Eau - Polyacrylate de sodium - **1** verre

Comment ?

1. Mets 1 cuillère de polyacrylate dans un verre
2. Verse de l'eau dans le verre et observe !

Pourquoi ?

Le polyacrylate est une poudre qui absorbe beaucoup l'eau !
A son contact il gonfle et transforme l'eau en poudre !

OÙ EST LA LUMIÈRE ?!

Quoi ?

boîte à chaussures – **2** cartons – ciseaux – ruban adhésif – petite plante en pot

Comment ?

1. Coupe un grand trou sur une extrémité de la boîte à chaussures et bloque toutes les autres sources de lumière avec du ruban adhésif.

2. Coupe les 2 cartons à la moitié de la taille de la boîte de chaussures et de la même hauteur. Colle ces morceaux de carton sur les côtés de la boîte de chaussures pour séparer la boîte en 3 étages.

3. Place la plante au bas de la boîte en t'assurant qu'elle a assez d'eau et referme bien la boîte puis laisse-la au soleil.

4. Attends 4 à 5 jours avant d'ouvrir la boîte pour constater les résultats !

Pourquoi ?

La plante survit grâce au soleil ! C'est son instinct de survie qui la pousse à chercher une source de lumière !

L'EAU DES PLANTES

⏱ 5jr

COMPRENDRE COMMENT VIT UNE PLANTE

Quoi ?

4 branches de céleri avec feuilles - Eau - **4** verres - **4** colorants alimentaires

Comment ?

1. Remplis chaque verre à ⅓ avec de l'eau et ajoute des colorants différents dans chacun d'eux **2.** Mets une branche de céleri dans chaque verre et avec le temps (quelques jours), observe ce qu'il se passe : les feuilles ne sont pas de la même couleur !

Pourquoi ?

Les plantes absorbent l'eau par les racines et la distribuent jusqu'aux feuilles !

ENCRE INVISIBLE #2

⏱ 20m

LA RÉACTION DES ALIMENTS À LA CHALEUR

Quoi ?

Feuilles de papier blanches - Coton-tige - Jus de citron - **1** bougie

Comment ?

1. Imbibe le coton-tige de jus de citron et écris un message invisible sur une feuille de papier **2.** Laisse sécher le message puis passe la feuille de papier devant la flamme : le message magique apparaît !

Pourquoi ?

La chaleur affecte certains aliments, dont le jus de citron, et les fait brunir !

L'ARBRE MORT

 ## UNE EXPÉRIENCE ÉTONNANTE À FAIRE DEHORS !

Quoi ?

Sable - white spirit - sucre - bicarbonate de soude - allumette

Comment ?

1. Fais un petit tas de sable sur la plaque et ajoute 2 c.s de white spirit dessus

2. Mélange 1 cuillère à soupe de sucre avec 1 de bicarbonate, et ajoute le mélange sur le tas de sable.

3. Mets le feu au mélange : un "arbre mort" se développe !

Pourquoi ?

Le feu fait parfois des miracles ! Dans cette expérience, le white spirit sert à activer la combustion, et une fois en feu, le mélange bicarbonate + sucre s'affole et se développe à vitesse grand V !

JOUONS AVEC L'AMIDON !

Quoi ?

Amidon liquide - Colle blanche liquide - **1** paille - Eau - **1** verre - **1** cuillère - Colorant

Comment ?

1. Remplis au quart le verre avec la colle, mets 1 c.s d'amidon et mélange **2.** Ajoute un peu d'eau et mélange encore : la pâte est légèrement liquide et malléable **3.** Ajoute le colorant et forme une boule avec la pâte au bout de la paille **4.** Souffle de l'autre côté de la paille pour créer de belles bulles de couleur !

Pourquoi ?

Lorsque l'amidon liquide est mélangé à la colle, une réaction chimique se produit et lie les molécules de colle pour former une sorte de pâte élastique et caoutchouteuse !

COUP DE CHAUD ⏱ 5m

AIR CHAUD ET AIR FROID

Quoi ?

1 bouteille vide - 1 ballon de baudruche

Comment ?

1. Accroche le ballon sur le goulot de la bouteille **2.** Place la bouteille sous l'eau chaude dans un évier et observe **3.** Passe ensuite la bouteille sous l'eau froide et observe de nouveau : l'eau chaude fait gonfler le ballon, mais l'eau froide le dégonfle !

Pourquoi ?

L'air chaud occupe un plus grand volume que l'air froid. En fait dans l'air froid, les molécules d'air sont rapprochées alors que dans l'air chaud, l'agitation des molécules augmente et elles prennent plus de place !

DE MAUVAIS GOÛT

CA SENT L'OIGNON !

Quoi ?

1 oignon (le volontaire ne doit pas le voir !) – **1** couteau – **1** bandeau pour les yeux – des mouchoirs jetables – **1** pince à linge – **1** pince à épiler – **1** volontaire

Comment ?

1. Mets le bandeau sur les yeux du volontaire et la pince à linge sur son nez pour lui boucher

2. Coupe l'oignon et mets-en un bout sur la langue tirée du volontaire

3. Demande-lui d'identifier ce qu'il a sur la langue, il en sera sûrement incapable !

4. Retire alors la pince à linge de son nez ! Tu peux ensuite recommencer l'expérience avec d'autres aliments !

Pourquoi ?

Cette expérience te montre que l'odorat permet d'identifier beaucoup de goûts différents ! (Il se passe la même chose quand tu as un rhume !)

L'AIMANT MYSTIQUE

DÉCOUVRE L'OXYDE DE FER !

Quoi ?

10cl de colle blanche liquide - **7cl** d'eau - **4** cuil. à soupe d'oxyde de fer - **10cl** d'amidon liquide - **1** aimant - **1** saladier - **1** spatule pour remuer

Comment ?

1. Mélange dans le saladier la colle et l'eau

2. Ajoute ensuite l'oxyde de fer, puis l'amidon **3.** Quand tu obtiens une pâte, mélange à la main pour obtenir une pâte bien lisse **4.** Pose-la sur la table, et approche un aimant : on dirait que la pâte est vivante !

Pourquoi ?

L'oxyde de fer réagit à l'aimant, et comme la pâte en est remplie, elle est attirée par l'aimant ce qui provoque cette réaction !

LIQUIDE OU SOLIDE ?  **20m**

DIFFICILE À DIRE...

Quoi ?

1 bac (environ la taille d'une boîte à chaussures) - Amidon (type Maïzena) - Eau - Colorant alimentaire

Comment ?

1. Mets 5cm d'amidon dans le bac et verse un peu d'eau dessus et mélange un peu **2.** Observe et touche la mixture !

Pourquoi ?

L'amidon est insoluble dans l'eau à froid, ce qui confère au mélange cette propriété étrange ! Elle forme par agitation une suspension instable appelée lait d'amidon. Si tu chauffes le mélange à 70°, tu obtiendras une texture visqueuse !

L'ÉCLOSION FANTASTIQUE

LA NATURE ET SES BELLES SURPRISES

Quoi ?

440g bicarbonate de soude - **10cl** d'eau - **0,5L** de vinaigre **(80%)** - **1** petit saladier - **1** grande casserole - **1** plaque de cuisson - **1** grand verre

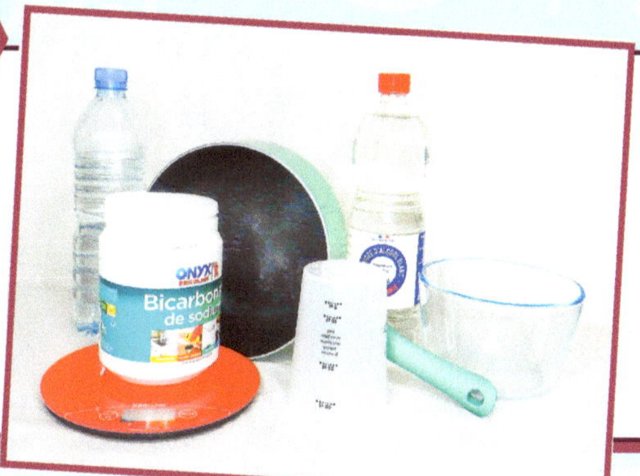

Comment ?

1. Mets le bicarbonate dans une grande casserole et ajoute lentement le vinaigre : laisse reposer une heure

2. Ajoute l'eau et faire chauffer à feu doux jusqu'à ce que le mélange soit clair

3. Verse le tout dans le verre et laisse complètement refroidir en couvrant le verre (mets aussi de côté la casserole sans la laver)

4. Racle la baguette sur la casserole pour récupérer un peu de matière cristallisée, et plonge-la ensuite dans le verre : observe la réaction !

Pourquoi ?

Si le mélange n'est pas secoué il garde sa propriété liquide. En revanche, au moindre choc, les molécules réagissent et forment une matière solide !

LE SAC EXPLOSIF

TU FERAIS MIEUX DE LE FAIRE DEHORS !

Quoi ?

Vinaigre - Bicarbonate de soude - **1** sac congélation

Comment ?

1. Mets un verre de vinaigre dans le sac congélation et ferme le hermétiquement en laissant une petite ouverture **2.** Ajoute un petit verre de bicarbonate dans le sac et referme le sac hermétiquement entièrement **3.** Mets le sac dans la baignoire ou un espace ne craignant pas l'eau : le sac va exploser !

Pourquoi ?

Au contact du bicarbonate de soude, le vinaigre provoque une réaction chimique et exerce une pression sur le sac qui est forcé d'exploser !

LE SAVON QUI FLOTTE

⏱ 2m

[OUI, CAR D'HABITUDE, IL COULE]

Quoi ?

1 savon Ivory

Comment ?

1. Mets le savon dans le micro-onde et observe !

Pourquoi ?

De l'air est emprisonné dans le savon Ivory.
Quand le savon est chauffé l'air veut sortir et le savon s'expand !

ATTENTION : C'EST VISUELLEMENT MAGNIFIQUE !

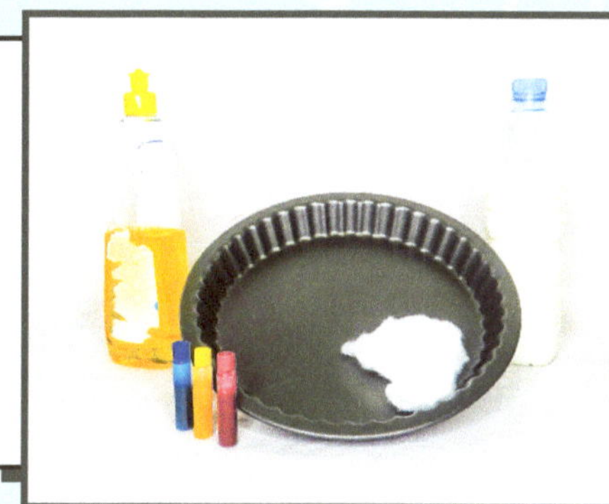

Quoi ?

lait - colorants alimentaires - coton - liquide vaisselle - **1** grand plat rond

Comment ?

1. Verse 1cm de lait dans le plat

2. Ajoute doucement au goutte à goutte différents colorants : tu peux les ajouter en forme de cercles plus ou moins grands pour un bel effet final

3. Plonge un bout de coton d'environ 7x7cm dans du liquide vaisselle et place-le au centre du plat : observe !

Pourquoi ?

Les molécules de liquide vaisselle font fuir le lait et attire en même temps les différents colorants ce qui produit un effet visuel incroyable !

SUIS CETTE ÉTOILE

UNE EXPÉRIENCE D'UN AN !

Quoi ?

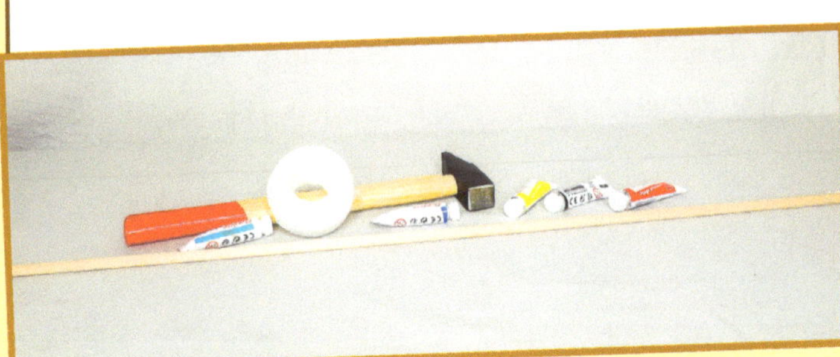

1 étoile (le Soleil) - **1** surface plate de 5m2 - **1** tuteur de 80cm - **1** marteau - peinture - ficelle (10 mètres)

Comment ?

1. Enfonce le tuteur dans le sol et laisse dépasser 50cm (vérifie qu'il soit bien vertical)

2. Chaque semaine à jour fixe, à midi, fais une trace de peinture au bout de l'ombre du tuteur.

3. Continue pendant 1 an

4. Relie les points et note ce que tu observes !

Pourquoi ?

Grâce à cette expérience tu peux constater que l'orbite terrestre est elliptique, pas circulaire ! Le 8 que tu as obtenu ést appelé un analemme.

Alors ? Quelle a été ton expérience préférée ?

Prends une photo ou une vidéo de l'expérience que tu as adoré reproduire et partage-la avec nous !

Tu peux nous envoyer tes plus belles réalisations par mail : frenchfrog.publishing@gmail.com

Nous posterons sur nos réseaux les plus beaux clichés et nous te remercierons par un cadeau si tu es sélectionné !

Alors viens vite nous suivre sur Facebook et Instagram pour profiter des contenus gratuits mis à votre disposition ainsi que pour être au courant des dernières sorties avant tout le monde !!!

Merci pour ta confiance et à bientôt !

French Frog
@frenchfrogbooks

www.ingramcontent.com/pod-product-compliance
Lightning Source LLC
LaVergne TN
LVHW071647180726
843512LV00002B/404